Tax Diary
2019/2020

Alex Edwards

APRIL 2019

M	1	
T	2	
W	3	
T	4	
F	5	
S	6	Week 1 Month 1 Start of 2019/20 tax year
S	7	

APRIL 2019

M	8	
T	9	
W	10	
T	11	
F	12	
S	13	Week 2
S	14	

APRIL 2019

M	15	
T	16	
W	17	
T	18	
F	19	
S	20	Week 3
S	21	

APRIL 2019

M	22	
T	23	
W	24	
T	25	
F	26	
S	27	Week 4
S	28	

		APRIL/MAY 2019
M	29	
T	30	
W	1	
T	2	
F	3	
S	4	Week 5
S	5	

MAY 2019

M	6	Month 2
T	7	
W	8	
T	9	
F	10	
S	11	Week 6
S	12	

		MAY 2019
M	13	
T	14	
W	15	
T	16	
F	17	
S	18	Week 7
S	19	

MAY 2019

M	20	
T	21	
W	22	
T	23	
F	24	
S	25	Week 8
S	26	

MAY/JUNE 2019

M	27	
T	28	
W	29	
T	30	
F	31	
S	1	Week 9
S	2	

JUNE 2019		
M	3	
T	4	
W	5	
T	6	Month 3
F	7	
S	8	Week 10
S	9	

		JUNE 2019
M	10	
T	11	
W	12	
T	13	
F	14	
S	15	Week 11
S	16	

		JUNE 2019
M	17	
T	18	
W	19	
T	20	
F	21	
S	22	Week 12
S	23	

		JUNE 2019
M	24	
T	25	
W	26	
T	27	
F	28	
S	29	Week 13
S	30	

		JULY 2019
M	1	
T	2	
W	3	
T	4	
F	5	
S	6	Week 14 Month 4
S	7	

JULY 2019

M	8	
T	9	
W	10	
T	11	
F	12	
S	13	Week 15
S	14	

JULY 2019

M	15	
T	16	
W	17	
T	18	
F	19	
S	20	Week 16
S	21	

JULY 2019

M	22	
T	23	
W	24	
T	25	
F	26	
S	27	Week 17
S	28	

		JULY/AUGUST 2019
M	29	
T	30	
W	31	
T	1	
F	2	
S	3	Week 18
S	4	

AUGUST 2019

M	5	
T	6	Month 5
W	7	
T	8	
F	9	
S	10	Week 19
S	11	

		AUGUST 2019
M	12	
T	13	
W	14	
T	15	
F	16	
S	17	Week 20
S	18	

AUGUST 2019		
M	19	
T	20	
W	21	
T	22	
F	23	
S	24	Week 21
S	25	

AUGUST/SEPTEMBER 2019

M	26	
T	27	
W	28	
T	29	
F	30	
S	31	Week 22
S	1	

SEPTEMBER 2019

M	2	
T	3	
W	4	
T	5	
F	6	Month 6
S	7	Week 23
S	8	

SEPTEMBER 2019

M	9	
T	10	
W	11	
T	12	
F	13	
S	14	Week 24
S	15	

SEPTEMBER 2019

M	16	
T	17	
W	18	
T	19	
F	20	
S	21	Week 25
S	22	

SEPTEMBER 2019

M	23	
T	24	
W	25	
T	26	
F	27	
S	28	Week 26
S	29	

SEPTEMBER/OCTOBER 2019		
M	30	
T	1	
W	2	
T	3	
F	4	
S	5	Week 27
S	6	Month 7

OCTOBER 2019

M	7	
T	8	
W	9	
T	10	
F	11	
S	12	Week 28
S	13	

OCTOBER 2019

M	14	
T	15	
W	16	
T	17	
F	18	
S	19	Week 29
S	20	

		OCTOBER 2019
M	21	
T	22	
W	23	
T	24	
F	25	
S	26	Week 30
S	27	

OCTOBER/NOVEMBER 2019

M	28	
T	29	
W	30	
T	31	
F	1	
S	2	Week 31
S	3	

		NOVEMBER 2019
M	4	
T	5	
W	6	Month 8
T	7	
F	8	
S	9	Week 32
S	10	

NOVEMBER 2019

M	11	
T	12	
W	13	
T	14	
F	15	
S	16	Week 33
S	17	

		NOVEMBER 2019
M	18	
T	19	
W	20	
T	21	
F	22	
S	23	Week 34
S	24	

		NOVEMBER/DECEMBER 2019
M	25	
T	26	
W	27	
T	28	
F	29	
S	30	Week 35
S	1	

		DECEMBER 2019
M	2	
T	3	
W	4	
T	5	
F	6	Month 9
S	7	Week 36
S	8	

DECEMBER 2019

M	9	
T	10	
W	11	
T	12	
F	13	
S	14	Week 37
S	15	

DECEMBER 2019

M	16	
T	17	
W	18	
T	19	
F	20	
S	21	Week 38
S	22	

DECEMBER 2019

M	23	
T	24	
W	25	
T	26	
F	27	
S	28	Week 39
S	29	

DECEMBER 2019/JANUARY 2020

M	30	
T	31	
W	1	
T	2	
F	3	
S	4	Week 40
S	5	

JANUARY 2020

M	6	Month 10
T	7	
W	8	
T	9	
F	10	
S	11	Week 41
S	12	

		JANUARY 2020
M	13	
T	14	
W	15	
T	16	
F	17	
S	18	Week 42
S	19	

JANUARY 2020

M	20	
T	21	
W	22	
T	23	
F	24	
S	25	Week 43
S	26	

JANUARY/FEBRUARY 2020

M	27	
T	28	
W	29	
T	30	
F	31	
S	1	Week 44
S	2	

		FEBRUARY 2020
M	3	
T	4	
W	5	
T	6	Month 11
F	7	
S	8	Week 45
S	9	

		FEBRUARY 2020
M	10	
T	11	
W	12	
T	13	
F	14	
S	15	Week 46
S	16	

FEBRUARY 2020

M	17	
T	18	
W	19	
T	20	
F	21	
S	22	Week 47
S	23	

FEBRUARY/MARCH 2020

M	24	
T	25	
W	26	
T	27	
F	28	
S	29	Week 48
S	1	

MARCH 2020

M	2	
T	3	
W	4	
T	5	
F	6	Month 12
S	7	Week 49
S	8	

MARCH 2020

M	9	
T	10	
W	11	
T	12	
F	13	
S	14	Week 50
S	15	

MARCH 2020

M	16	
T	17	
W	18	
T	19	
F	20	
S	21	Week 51
S	22	

MARCH 2020

M	23	
T	24	
W	25	
T	26	
F	27	
S	28	Week 52
S	29	

		MARCH/APRIL 2020
M	30	
T	31	
W	1	
T	2	
F	3	
S	4	Week 53
S	5	End of 2019/20 tax year

www.ingramcontent.com/pod-product-compliance
Lightning Source LLC
Chambersburg PA
CBHW062342220526
45469CB00008B/2802